AF253549

DU JAPON

Dans mon compte rendu de l'an dernier, j'abandonnai le stock des semences japonaises en voie de formation.

Il s'élevait après l'arrivée du bateau le *Mœris*, à 170,000 cartons, chiffre qui ne paraissait guère devoir être dépassé.

Mais des arrivages subséquents et parfois tardifs au point de motiver l'avarie de la graine, l'élevèrent à 300,000 cartons, tant à destination de France que d'Italie. Ce dernier pays en absorba les deux tiers.

Ce furent donc 7,500 à 8,000 kilogr. qui constituèrent l'importation de 1864.

Le chiffre inattendu, bien que restreint, de ces arrivages, inquiéta vivement les détenteurs de semences orientales, qui déjà dépréciées et considérées comme pis aller se démonétisèrent d'autant plus que l'on trouva plus à les remplacer.

1865

C.

Les représentants de ces intérêts lésés ne se firent faute de répandre les bruits les plus fâcheux, et souvent les plus absurdes, sur l'importation japonaise, en attendant que leur intérêt fût de les prôner un jour.

Les propriétaires de semences japonaises arrivées en bon port, oubliant eux-mêmes et leurs premières espérances, et les chances courues, et la rareté reconnue de semence, pour ne voir qu'une concurrence supérieure à celle qu'ils supposaient en principe, cherchèrent à réaliser, parfois presque au pair, mais d'ailleurs ne purent rien combiner, aussi longtemps que les enchères annoncées par la Société d'acclimatation ne furent point parachevées.

*
* *

On s'est singulièrement mépris dès le principe sur le rôle joué par la Société d'acclimatation dans l'importation des semences japonaises, et diverses rectifications n'ont encore pu faire comprendre à certaines personnes que son intervention dans cette affaire ne fut que de hasard; partisans et adversaires lui ont tour à tour imputé des mérites ou des torts qu'elle ne songea aucunement à avoir.

Les uns, comme M. de Jovyac la félicitent encore sur son initiative, et lui demandent de recommencer sur une plus grande échelle, ou comme M. Jeanjean dans son dernier rapport sur les essais précoces, désirent qu'elle continue, et de plus se fasse éducatrice et graineuse; les autres, et particulièrement tous les négociants en graines, réclament d'elle au nom de l'intérêt général, d'accord en ceci avec leur intérêt particulier, qu'elle s'abstienne totalement dans l'avenir.

Ils prétendent avec raison, que si elle n'a pas le courage et les moyens de suppléer complètement à l'initiative commerciale, c'est-à-dire d'importer les dix à quinze millions de semences annuellement nécessaires au pays , elle ne doit pas, pour une opération sans importance , décourager les négociants, dont les efforts réunis peuvent satisfaire la sériciculture.

La Société d'acclimatation, juge en dernier ressort, vient de trancher la question comme l'indiquait le raisonnement, en publiant la note suivante :

« La Société d'acclimatation croit devoir informer les « sériciculteurs, qu'elle ne doit plus s'occuper d'une nou- « velle importation de graines de vers à soie du Japon. »

Ses enchères commencées le 14 janvier par la ville de Nîmes, se terminent le 31 dudit mois par celle de Grenoble. Le prix moyen des cartons résulte de fr. 17,55, constituant ainsi à cet établissement un bénéfice de 71,017 fr. dont partie sera appliquée à des encouragements séricicoles. Le coût du carton résulte donc de fr. 11,87.

*
* *

La vente privée des cartons japonais se traîne péniblement devant les mois de février et mars. Un seul établissement français d'essais précoces, celui de Cavaillon, leur est franchement favorable; plusieurs autres déclarent l'éclosion très-difficile, très-partielle, très-échelonnée; ils reconnaîtront plus tard les causes particulières et personnelles de leurs insuccès ; mais ils contribuent largement à l'hésitation des éducateurs, qui se perpétue jusqu'au moment ou le développement brusque de la végétation viendra la rompre.

*
* *

En attendant qu'on les achète, on discute beaucoup la nature des cartons japonais. Le document le plus étendu publié à ce sujet est celui de M. Johannys, secrétaire de la

Société d'agriculture de la Drôme. Cet observateur trouve qu'un carton, pesant grammes 55,760, se compose de:

32,220 races.

23,420 semence.

0,120 perte.

Il estime la semence collée artificiellement sur les cartons humides, en la passant préalablement dans une poudre gommeuse.

Le poids trouvé par M. Johannys représente bien celui moyen des cartons japonais, que l'on peut livrer sans scrupule pour contenir environ 25 grammes de graines. — Il s'est rencontré fréquemment des cartons pesant brut 65 grammes, et comportant donc plus d'une once grosse.

Le poids moyen de 80 cartons, que j'ai complètement nettoyés de leurs coques vides, m'est résulté de gr. 27 7/100 en moyenne, celui des coques vides recouvrant un carton après l'éclosion est de gr. 3 1/2 environ; on n'en a généralement pas tenu compte, ainsi qu'on eût dû le faire.

L'appréciation de M. Johannys est complètement inexacte en ce qui touche le mode de fabrication des cartons, qui se trouve scrupuleusement décrit dans le traité d'éducation de Morikouni.

La ponte se fait *sur les cartons même posés à plat*, et si les déjections des papillons sont peu apparentes, et fréquemment nulles, cela tient à la minutieuse propreté de l'éducateur japonais qui les fait préalablement et complètement dégorger sur des papiers ad'hoc.

J'ai remis cette année à plusieurs personnes, notamment à M. Guichard, directeur du domaine de l'Ouady, une certaine quantité de ces papiers, qui passent au Japon pour contenir des graines de choix, bien que n'ayant nullement une tournure commerciale.

D'ailleurs nous avons pu rencontrer, sur un petit nombre

de cartons, de la semence artificiellement collée, et l'on ne peut s'y méprendre , les œufs sont pour les neuf dixièmes posés, non à plat, mais sur la tranche, et trop irrégulièrement pour représenter l'arrangement méthodique résultant de la ponte naturelle. Ces cartons ont un ton sensiblement plus foncé, et ne comportent pas d'éclosions partielles.

La matière textile, dont ils sont construits, n'est autre que la fibre du mûrier, ou du broussonetia papyrifera.

*
* *

En fin mars, les journaux publient diverses notices sur l'éducation des vers japonais. Le plus minutieusement étendu de ces documents est sans contredit celui de M. Pestalozza de Milan, dont plusieurs des autres paraissent n'être que des abrégés.

Cet auteur recommande les bains d'eau salée, l'éclosion sur carton à température lentement graduée et la plus basse possible, l'absence de toute humidité artificielle, etc., etc.

D'autres demandent que l'éclosion soit au contraire facilitée par l'humidité artificielle ; certains veulent le détachement des graines.

Il en est enfin qui prétendent que, pour les vers japonais, on doit prendre l'exact contrepied de tout ce qui se faisait pour les autres races.

La multiplicité et la divergence des procédés destinés à faciliter et instruire l'éducateur, tend à lui faire penser qu'il ne saura jamais se tirer de l'éducation de semences aussi exceptionnelles. Il faudra l'expérience de juin pour lui démontrer qu'elles n'ont rien de particulier, si ce n'est la vigueur extraordinaire de leurs vers.

*
* *

La récolte se fait, les cartons d'origine tiennent et au-delà ce que l'on attendait d'eux, donnant un produit que l'on peut estimer de 30 à 45 kilos, dépassant parfois ce dernier chiffre.

On est moins satisfait des semences reproduites. Celles d'ancienne reproduction, atteintes d'infection, sont presque aussi mal vues que les anciennes semences du Danube ou du Caucase ; quant à celles de première reproduction, on les juge généralement d'une façon assez sévère, parce qu'elles ne rendent souvent que 15 à 20 kilos par once.

La cause de ces insuccès doit être attribuée à l'application de procédés anciens et vicieux, à une graine peu connue, je veux parler du lavage des toiles.

J'ai vu dans un même grainage la partie conservée sur toile traverser l'hiver en parfait état, et ne donner que de rares éclosions polyvoltines, alors que celle lavée a fourni après le lavage 15 % des dites éclosions, grâce à la particulière sensibilité de ces races.

Très-généralement l'éducateur, alarmé par ces éclosions, a compromis le reste de la semence en s'empressant, pour la sauver, de la transporter dans un lieu froid.

C'est à la régression de l'embryon, résultant d'un changement brusque de température, que doit être attribué le mauvais résultat à la récolte normale, et la seule chose qui ait le droit de surprendre, c'est qu'alors le déchet ne soit pas total.

1866 verra encore beaucoup d'échecs dus à la même cause; néanmoins certains éducateurs, ayant compris les avantages de la ponte et de la conservation sur cartons, l'ont adoptée en dehors de toute idée de fraude, et je crois que l'on ne jugera bien de la valeur des reproductions qu'une fois cet usage généralisé.

*
* *

J'ai signalé l'an dernier quelques transformations des races japonaises ; une saison de plus les a confirmées, ou en a révélé de nouvelles , et l'on peut dire de leur protéïsme à peu près ce que l'on voudra, sans crainte d'être démenti.

Des semences, annuelles l'année dernière, sont devenues polyvoltines celle-ci, et le contraire a eu lieu. Des cartons qui donnèrent en 1864 des cocons variés de forme et de couleur, ont produit en 1865 des formes et des nuances régulières.

Un carton, partagé entre deux éducateurs, a fourni à l'un une récolte annuelle, à l'autre un produit partiellement poly-voltin, fait que je signalai déjà en 1864, et je crois que cette dernière particularité renferme la clef de toutes ces méta-morphoses.

Je suis porté à croire que la cause de toutes est dans la *chaleur* qui, appliquée par différentes personnes à des degrés différents, *remplace le climat*, et reproduit sous un même ciel ce que nous voyions autrefois se passer seulement dans le cas de changements notables de latitudes.

La race japonaise serait d'une sensibilité suffisante pour permettre ces phénomènes, qu'il est impossible de com-prendre et d'expliquer différemment.

*
* *

Il était à croire qu'une partie du grainage de cette année, malgré tous les soins pris pour n'y consacrer que des races annuelles , venait des éclosions polyvoltines plus ou moins larges ; en France et en Italie on avait préparé le public à cette éducation en lui faisant espérer un produit qui le dédom-magerait de l'échec de la première, et les masses avaient,de confiance, donné dans ces louanges souvent intéressées.

J'ai parlé dans le temps des résultats exceptionnels obte-nus par M. Nourrigat ; M. Mapei, son adepte, renchérissant sur lui, nous déclarait dans un article publié en novembre dernier, ne pouvoir se dispenser de relever le mérite de ces vers qui, élevés chez lui en 25 *jours*, avec une économie proportionnelle de feuille, lui avaient donné 45 *kilos* de cocons par *petite once*, et des cocons dont *onze* kilos, *compris les doubles*, rendaient un kilogramme de grége, résultat bien alléchant en vérité.

L'épreuve qui vient d'être largement faite, tant en France qu'en Italie, est loin de justifier les appréciations de ces sériciculteurs, et d'entraîner les masses à leur suite.

L'*Industria* d'Udine, après avoir beaucoup espéré des bivoltins jusqu'au troisième âge, dit qu'alors de graves pertes ont suivi, et que, dans l'ensemble, on ne doit pas compter sur un rendement dépassant 10 à 15 livres (kil. 4,75 à 7,25).

Plus tard ; que l'échec s'est poursuivi jusqu'au bois, que cette récolte résulte absolument mal, et que les seules magnaneries fortunées ont eu de 9,50 à 14,50 kilog.

Des correspondances de Milan, adressées audit journal, portent que la récolte des bivoltins se réduit à une quantité qui ne vaut pas la peine d'être mentionnée, et qu'ils se sont payés fr. 4 à 4.50.

Le *Commercio italiano*, dit que les chaleurs suffocantes et la dureté des feuilles sont les causes de la mauvaise réussite de cette récolte, qui sera loin d'indemniser l'éducateur des fatigues endurées.

Une correspondance de Reggio (Calabre), annonce au *Moniteur des soies*, que les vers issus de polivoltins ont tous péri, et que ceux qui espéraient trouver dans cette seconde récolte une compensation au déficit de la première, n'ont eu en définitive qu'une nouvelle déception.

Une correspondance d'Avignon : que les cocons bivoltins et trivoltins ont été achetés de 2.50, 3.50 à 5 fr., que cette deuxième récolte est sans importance, et que les éducateurs n'y reviendront pas.

De Joyeuse on écrit à la *Sériciculture pratique*, que les cocons bivoltins, de mauvaise qualité, et les prix peu rémunérateurs, dégoûtent à jamais l'éducateur des éducations estivales; qu'en outre du mauvais produit, ils craignent maintenant d'avoir, par le défeuillement des mûriers, sacrifié la récolte du printemps prochain.

L'*Opinion séricicole*, considère les éducations estivales comme peu compatibles avec les conditions générales de notre agriculture, et la conservation des arbres.

Enfin, une correspondance d'Anduze, insérée au *Commerce séricicole*, constate que l'inconvénient de ces éducations est de porter un préjudice énorme aux mûriers, qui résisteront difficilement à l'épreuve qu'ils subissent à cette heure. Elle ajoute, en outre, que les cocons de cette récolte sont inférieurs à ceux de la première.

Cet insuccès des races polivoltines est heureux, et le filateur doit se féliciter de ce que l'intérêt de l'éducateur soit aussi bien d'accord avec le sien. Il déterminera nos négociants en graines à rechercher uniquement au Japon les races annuelles, les seules appropriées complètement à nos climats; et ce qui l'indique, *c'est la tendance moyenne des races polyvoltines à devenir annuelles, dès que l'éducateur ne surchauffe point.*

*
* *

La belle réussite des races japonaises a été contristée par une proportion anormale de cocons doublés, proportion variable suivant les éducateurs, mais toujours ruineuse.

Cette proportion est-elle la même au Japon qu'en Europe? L'ignorance où nous sommes des méthodes de boisage, très-variées dans ce pays, nous constitue-t-elle une position plus mauvaise? C'est ce que le temps seul peut nous apprendre.

Tandis qu'au Japon, la province de Tambah boise en fagots horizontaux, et que celle d'Omi, dont nous avons reçu très-peu de semences, emploie un système tout à fait analogue au nôtre; celle d'Oshio ou Moutsou, d'où proviennent la majorité de nos semences de 1864, dispose des bruyères *en éventail, dont la base ouverte repose sur les tables.*

Dailleurs, l'éducation japonaise a trouvé beaucoup de campagnards dépourvus de planches, par la misère des années précédentes, alors que l'extraordinaire foisonnement des vers en eût demandé une quantité plus qu'habituelle.

Quelques éducateurs ont eu l'idée de remplacer la bruyère par la claie Davril. J'en sais qui, l'ayant appliquée, n'en ont éprouvé aucun soulagement, mais ils n'avaient modifié en rien l'écartement ancien des traverses, qui demande à être restreint pour le format japonais.

Un essai fait, en le réduisant de 25 millimètres à 18, a donné à ma connaissance une grande réduction dans la proportion des cocons doubles. Le prélèvement général fait par le propriétaire de cocons destinés au grainage rend le quantum réel des doubles très-difficile à apprécier. En l'état le filateur n'en a guères reçu moins de 20 % sur le bloc de ses achats.

Les fileurs italiens ont tourné l'inconvénient en écartant de leurs contrats toute proportion excédant le 7 %.

Evidemment, l'an prochain, l'intérêt des fileurs français leur commandera impérieusement la même mesure, et du jour seulement où ils l'auront prise, dateront des améliorations dans le boisage.

⁎
⁎ ⁎

En février dernier, examinant un envoi de cocons secs japonais, fait à la société d'acclimatation, et que j'étais chargé de filer par elle, je fus frappé de l'apparence d'une partie notable de ces cocons, dont la couleur n'était ni jaune, ni verte, mais d'un rouille terne.

Néanmoins, j'attribuai la rente très-inférieure de ce lot, à certaine quantité de cocons de graines non percés par le papillon, que j'y rencontrai.

La récolte de cette année est venue m'éclairer sur la cause réelle de l'infériorité de ces cocons.

En France comme en Italie, il s'est rencontré dans la race *verte* japonaise, une proportion de cocons tachés dépassant parfois 5 0/0, et d'une nature presque indévidable, à cause d'une altération dont la nouveauté a fort préoccupé les fila-teurs.

J'ai sous les yeux, une lettre lettre publiée dans la *Perse-veranza* de Milan, par M. Ogniben, médecin militaire, cons-tatant ce fait dans les environs de Côme et de Varèse ; il décrit très-bien l'envahissement partiel ou total du cocon par une nuance d'un jaune terreux ; mais il apprécie mal les causes qui l'ont produite, l'attribuant à une maladie du ver ou de la chrysalide, ce qui n'est point.

L'accident est complètement externe, dû à une déjection du ver mûr, prêt à filer, sur les cocons déjà inférieurement formés dans la bruyère, déjection probablement acide.

M. Ogniben dit, que plusieurs industriels de la Brianze se sont bien trouvés d'avoir, en suivant son conseil, plongé ces cocons durant trois minutes dans une partie d'alcool, étendu ensuite ce liquide de sept parties d'eau, et laissé macérer un quart d'heure dans ce bain avant de mettre à la bassine.

* *
*

Le 17 mars 1864, se vendait à Marseille, sous l'aile de

l'autorité et par ministère de courtier impérial, un lot de graines provenance de Poti (Mer Noire), désignées sur l'affiche : à l'état plus ou moins avarié.

Il se réalisa jusqu'à 195 fr. le kilog.

En avril suivant, M. le Préfet de la Drôme, instruit de ce que certains marchands vendaient, à de trop confiants acheteurs, des cartons comme étant d'origine japonaise, tandis qu'en réalité, ils étaient couverts de semences de toute autre provenance, dénonçait les brocanteurs à MM. les Maires, afin que, de concert avec les commissaires de police, ils exercent une surveillance spéciale sur ce débit frauduleux. La mesure était sans doute excellente.

Mais comment la légalité des Bouches-du-Rhône devenait-elle délit dans la Drôme? Et que pouvait-il arriver de pis aux cartons incriminés par M. le Préfet, si ce n'est d'être recouverts des semences de Poti !

Malgré cet avertissement, en mai et juin suivant, l'on a signalé, de toutes parts, la recherche des cartons vides d'origine japonaise, à prix assez élevés, 3 à 4 fr. l'un; ce n'étaient assurément point de simples éducateurs, opérant pour leurs besoins particuliers, qui se livraient à cette couteuse poursuite:

Le Gouvernement s'est ému de ce fait, et nous avons vu récemment dans le *Moniteur*, que des ordres ont été expédiés aux représentans de la France au Japon, pour qu'une estampille spéciale fût apposée sur chaque carton acheté réellement au Japon, afin de lui donner une *authenticité datée*.

Cette garantie, qui peut atteindre le but, en ce qui concerne les contrefaçons européennes, servirait, plutôt qu'elle ne les préviendrait, celles asiatiques.

La valeur réelle d'une semence ne pouvant être connue qu'à la récolte, il convient que la responsabilité morale pour-

suive l'importeur jusqu'au bout ; or, le timbre apposé à Yokohama, donnant *vis à vis de l'éducateur*, à tous les cartons,
une valeur uniforme, annullait cette responsabilité. Il ne
s'agissait désormais que de faire de la contrebande heureuse
en graines chinoises.

Notre chambre de commerce, instruite de ce danger par une
maison de notre ville ayant siége à Yokohama, a demandé à S.
Exc. M. le Ministre de l'agriculture, que l'estampille consu-
laire ne fut apposée que sur les cartons revêtus en toutes
lettres du nom de l'importeur.

*
* *

Durant la récolte, poussé par le désir d'éclaircir l'énigme
de la production japonaise, qui se pose perpétuellement à
la vue des cartons hiéroglyphiques fournis par ce pays, j'en-
gageai, par la voie des journaux spéciaux, les éducateurs
de bonne volonté à m'aider, en m'adressant, après la récolte,
les cartons vides dont ils pouvaient disposer, accompagnés
de quelques cocons en représentant fidèlement le produit.

Il me paraissait devoir en résulter un travail d'analyse
intéressant.

Mais, il paraît que la majorité des intéressés ne veut le
progrès que rendu à domicile, et sans dérangement ; car,
j'ai le regret de le constater, en dehors des personnes aux-
quelles j'avais remis moi-même des cartons, je n'en ai trouvé
que trois qui aient répondu à cet appel.

J'ai pu, néanmoins, rassembler une centaine de cartons
différents, desquels, grâce à l'obligeance de M. le docteur
Hoffmann de Leyde et de M. Léon de Rosny, qui ont bien
voulu se charger, le plus gracieusement du monde, de tra-
duire les légendes japonaises, j'ai tiré de fort intéressantes
indications.

Il ne pouvait en être différemment, chaque carton étant représenté dans ma recherche par son nom de province, de district, de localité, souvent par celui du fabricant ou du marchand ; chacun d'eux ayant en regard, et les cocons qu'il avait fourni, et la graine annuelle ou polyvoltine qui en résultait.

Cinq provinces japonaises nous ont cédé l'approvisionnement de 1864. Ce sont celles de Moutsou, d'Omi, de Sinano, Dewa et Ietsisen ; mais non point dans une égale proportion.

Celle de *Moutsou*, d'ailleurs la plus productive de toutes (puisque certains documents lui attribuent la moitié des soies récoltées au Japon), nous a fourni le contingent le plus considérable. Cette province fournit les soies Oshio ; or, il faut savoir qu'au Japon le nom géographique a constamment un synonyme vulgaire, qui en diffère, et dont il est essentiel d'avoir la clef.

Les cartons Moutsou étaient généralement annuels et blancs; cependant ils ont renfermé une certaine proportion de types verts dans les variétés pâles. Les localités d'Avano et Yanagawa, ont fourni les meilleures qualités. J'y ai trouvé deux cartons à cocons jaune vif, de belle qualité, plus un beau type de la race blanche Shen-daï.

Par ordre d'importance, vient après, la province de *Sinano* ou *Simchiou*, qui produit les Idah, et par son district de Uëda, nous a envoyé de beaux et bons cocons verts ou blancs. Un carton de cette provenance, qui m'a fourni de très-beaux et gros cocons verts, s'est trouvé en avoir l'indication expresse sur sa légende.

La province de *Dewa* représente le Japon nord, et le district de Mogami (38.50 latit.), nous a donné de beaux cocons verts annuels, très-corsés.

Les provinces de *Jetsisen* et d'*Omi*, ou Goshio, ont fourni des polyvoltins, et chose remarquable, elles signent ces qualités, ce que semblent éviter les autres.

J'ai trouvé de très-rares semences polyvoltines sous la rubrique de Moutsou, Simchiou ou Dewa, mais il faut savoir que la majorité des cartons polyvoltins ne portent aucune indication de provenance ; cette fabrication à l'air d'être, au Japon même, une industrie honteuse.

On y remplace cette garantie par un pompeux étalage de légendes laudatives, telles que : graines de commande, graines ôtées par la main, graines choisies, choix primitif, etc.

Les cartons dits *Hakodadi*, expédiés par cette ville, ont été généralement composés d'Oshio ; cependant ils ont renfermé parfois des graines polyvoltines sans désignation.

Jusques ici, je n'avais jamais rencontré la graine qui produit le cocon grisâtre des Maybash et la soie beurre frais, et j'en étais surpris; l'on en verra la raison plus loin.

Ces indications peuvent avoir cette année encore une utilité réelle, mais il est à craindre, que le jour où le Japon nous verra rechercher telle ou telle provenance, il n'applique la marque en vogue à tous ses produits, indifféremment.

*
* *

Les négociants en graines se sont transportés au Japon en plus grand nombre que par le passé, et l'exportation sera sans doute plus facile, M. Roches ayant su gagner complètement la confiance du gouvernement japonais, comme en témoignent depuis plusieurs mois l'importance et la régularité des arrivages de soies.

En Italie les Chambres de commerce se sont mises à la tête du mouvement d'importation; les associations anciennes se sont continuées et élargies, de nouvelles se sont formées,

des souscriptions à commission ou à prix fixe se sont ou-
vertes.

Jusques à cette heure il est impossible de prévoir la quantité que le Japon nous fournira ; les graineurs européens
sont toujours dans l'heureuse impossibilité de pénétrer dans
l'intérieur.

Les lettres reçues par le dernier courrier, en date du 26
juin, portent que dans la quinzaine écoulée plusieurs maisons
avaient entrepris de faire pondre à Yokohama, avec des cocons de la province de Hatchodjée, mais que cette opération
n'avait pu réussir, la plus grande partie des cocons s'étant
avariée en voyage ou ayant été percée par un ver qui prend
naissance dans la chrysalide, fait signalé déjà l'an dernier
par une circulaire.

Ceci n'est point un phénomène nouveau, bien qu'il ait fort
ému les négociants de Yokohama ; il ne s'agit que de la harte
bien connue des filateurs européens. Je l'ai retrouvée dans
plusieurs échantillons de cocons Japon d'origine, mais elle
s'y développe de meilleure heure que chez nous, et d'une
façon bien plus générale.

On pourrait considérer le hartage du cocon comme la
marque de fabrique des provinces méridionales, et notamment d'*Hatchodjée* et *Maybash*.

J'essaierai dans mon travail de fin d'année, d'établir la
valeur de l'importation qui se prépare.

E. Duseigneur.

Lyon, 30 août 1865.

Lyon. — Typ. d'A. Vingtrinier, rue Belle-Cordière, 14.

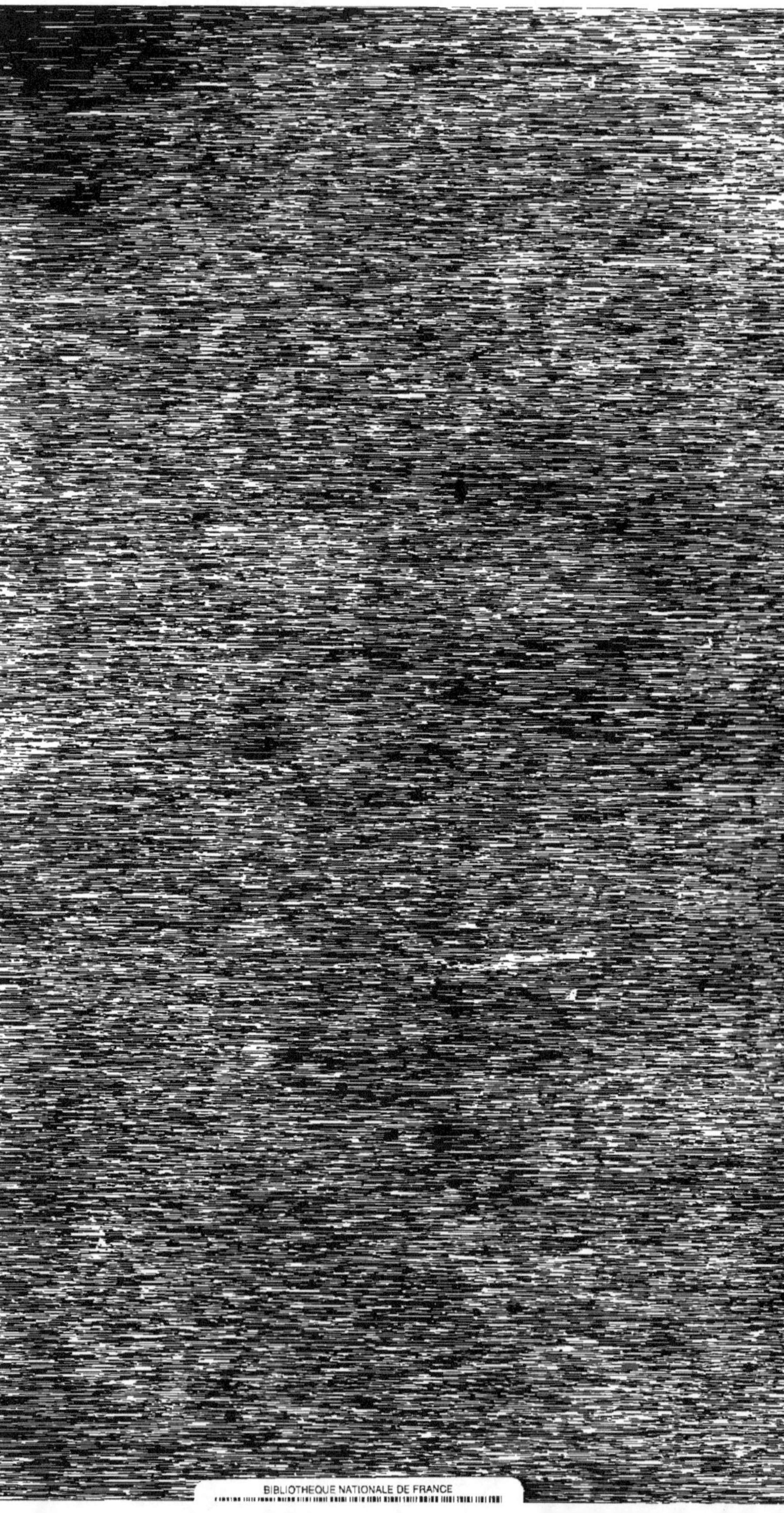

9 782012 998070